Gordafarid, the Hero of the Sepid-Dej

Nikki Torshizi & Parinaz Zhandy

گـــردآفرید
قهرمان سپیـدِدژ

نویسندگان

پریناز ژندی - نیکی ترشیزی

مترجم و تصویرگر:

نیـــکی ترشیـــزی

Inspired by Ferdowsi's Shahnameh

Serial Number: P2545250260
Title: Gordafarid, the Hero of the Sepid-Dej
Authors: Nikki Torshizi, Parinaz Zhandy
Illustrators & Drawings: Nikki Torshizi
Translator: Nikki Torshizi
Editor: Parinaz Zhandy
Layout: Monika Davis
ISBN:978-77892-237-4
Meta-data: Junior Epic Fantasy, Heroic Fantasy for Young Readers
Book Size: Paperback, Pages: 46
Publication Date: May 2025
Publisher: Kidsocado International Publishing House

Copyright © 2025 by Kidsocado Publishing House
All Rights Reserved, including the right of reproduction in whole or in part in any form.

Kidsocado Publishing House
Vancouver, Canada

Phone: +1 (236) 333-7248
WhatsApp: +1 (236) 333-7248
Email: info@kidsocado.com
Website: https://kidsocado.com
Address: 2100-1055 West Georgia St,
Vancouver, BC V6E 3P3, Canada

Dedicated to
mom, dad, brother
and
teachers.

پیش‌گفتار

گاه در سکوت روزهای عادی زندگی، ستاره‌ای سر برمی‌آورد و می‌درخشد، روشنایی‌اش نه از آسمان، که از ژرفای دل انسان برمی‌خیزد. از شگفتی خاموش کودکی که با واژه‌ها نفس می‌کشد، بر بال‌های خیال پرواز می‌کند، و از بافت رؤیاها، جهانی نو می‌آفرینند.
نیکیِ عزیز، یکی از آن ستارگان نادر و درخشان است، دختری که ریشه‌هایش در خاک پاک ایران‌زمین تنیده، اما در سرزمین کانادا چشم به جهان گشوده است.
او از هفت‌سالگی، عاشقانه پا در مسیر آموختن زبان پارسی گذاشته است، زبانی که در آن جان‌ها شکوفا شده و تمدن‌ها، صدا و معنا یافته‌اند.

از نخستین روزهای کلاس‌های پیش‌دبستانی‌مان، آنجا که نخستین بار دست در دست واژه‌ها نهادیم، تا امروز که بر پنجمین پله‌ی این مسیر ایستاده‌ایم، استعداد، پشتکار و درخشش نگاهش، ردّی مانا بر قلب من و برگ‌های دفترمان نهاده است.
برای او شاهنامه خواندم، بیت‌به‌بیت، واژه‌به‌واژه، در تار و پودِ مهر، با رنگِ معنا...
و او، با چشمانی باز و قلبی پر شور، نه‌تنها شنید، که باور کرد. چنان‌که گویی قهرمانان و اسطوره‌های شاهنامه از لابلای برگ‌ها برخاسته‌اند و در جان او خانه کرده‌اند.

" گردآفرید، قهرمان سپید دژ " تنها یک داستان جذاب نیست. آیینه‌ای‌ست در برابر روحی جوان، خلاق، و جستجوگر، قلبی که با افسانه و واژه، هم‌آهنگ می‌تپد. من در کنارش بودم، تا رشته‌های احساس را در واژه بریزد، و اندیشه‌هایش را به پرواز درآورَد، داستان زیبای شاهنامه را به زبان خود بیان کند و جملات را بدرستی در کنار هم بچیند.

نقاشی‌ها و خوشنویسی اشعار، زاده‌ی نبوغ و خلاقیت خود اوست که در کنار آموزگاران آگاه و صبورش در آموزشگاه بسوی آینده این مسیر زیبا راپیمود. چه و خوش سرانجام است کودکی که همراه با بازی ورزش، با قصه، رنگ، و حروف، جهانی پر از امید و آگاهی بنا می‌نهد.

این اثر، ستایشی‌ست از رؤیای آمیخته با تخیل و بینش دختر دوازده‌ساله‌ی ایرانی‌تباری که قهرمانان را نه تنها در افسانه‌ها، که در آینه‌ی وجود خود بازیافته است.

با تمام مهری که در قلب یک آموزگار می‌تپد، تقدیم به نیکی، گلی از باغِ خرد، خیال و فردا.

پری‌ناز ژندی
مؤسس، مدیر، و آموزگار زبان پارسیِ سرای فرهنگی به سوی آینده

Foreword

Sometimes, in the quiet rhythm of ordinary days, a star rises and shines, its light not descending from the heavens, but emerging from the depths of the human heart. It is born from the silent wonder of a child who breathes through words, soars on the wings of imagination, and weaves a new world from the threads of dreams.

Nikki is one of those rare and radiant stars, a girl whose roots are deeply entwined in the pure soil of Iran, yet whose eyes first opened to the world in the land of Canada.

Since the age of seven, she has stepped lovingly onto the path of learning the Persian language, a language in which civilizations have found voice and meaning.

From those first days in our preschool classes, where we first placed our hands in the hands of words, to this moment as we stand on the fifth step of this journey, her talent, perseverance, and the sparkle in her gaze have left an enduring mark on my heart and the pages of our shared story.

For her, I read the Shahnameh, line by line, word by word—woven with love, colored with meaning...

And she, with wide-open eyes and a heart full of passion, not only listened, but believed, as if the heroes and legends of the Shahnameh had risen from its pages and found a home within her soul.

"Gordafarid, the Heroine of the Sepid-Dej" is more than just a captivating story, it is a mirror held up to a young, creative, and curious spirit, to a heart that beats in harmony with legend and language. I stood beside her, helping her pour strands of emotion into words, to let her thoughts take flight, to retell the beauty of the Shahnameh in her own voice, and to weave her sentences with care and clarity.
The illustrations and calligraphy of the verses are born from her own genius and creativity, nurtured along the way by patient and insightful teachers who walked this beautiful path with her at the learning center.
How wonderful the destiny of a child whose days are filled with play and movement, and whose world is shaped by stories, colors, and letters, a world built with hope and awareness.

This work is a celebration of the dreams, imagination, and insight of a twelve-year-old Iranian-Canadian girl, who found her heroes not only in ancient tales but within the mirror of her own being.

With all the love that beats in a teacher's heart, Dedicated to Nikki, A flower from the garden of wisdom, imagination, and tomorrow.

Parinaz Zhandy, Teacher & Founder of the "Besooye Ayande" Persian language Institution

Gilan Sea
Border
Oxus River (Amu Darya)

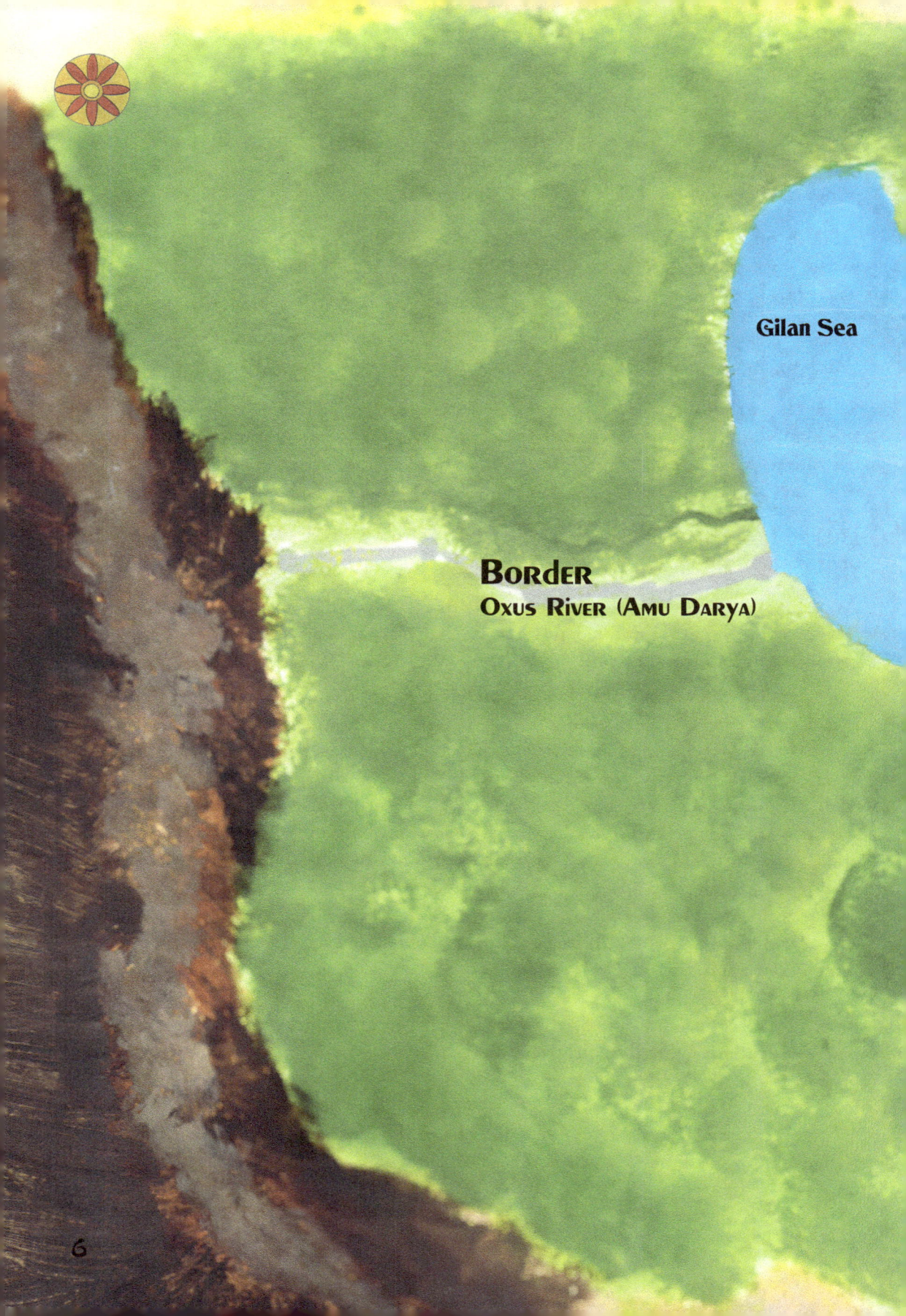

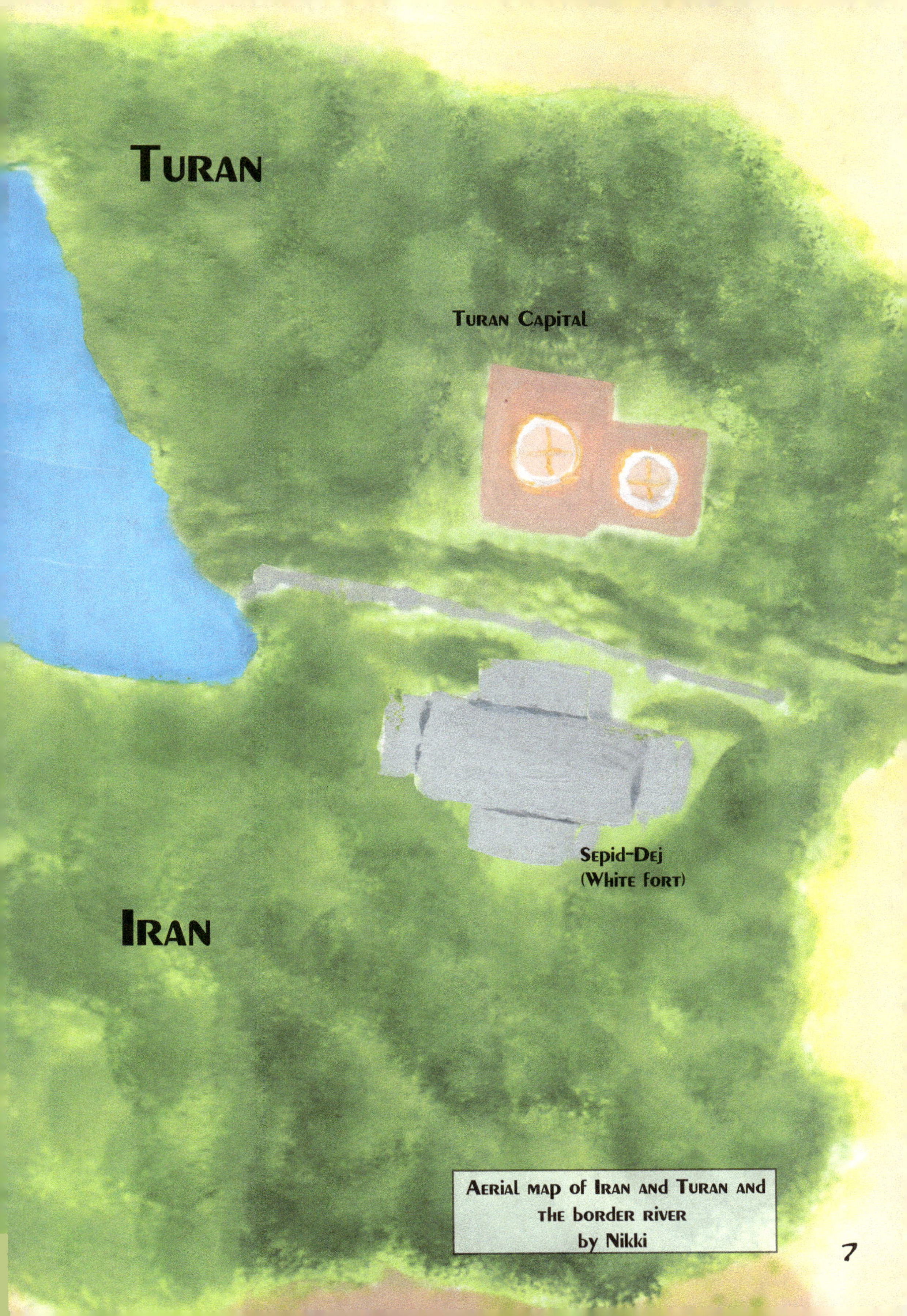

Turan

Turan Capital

Iran

Sepid-Dej
(White fort)

> Aerial map of Iran and Turan and the border river
> by Nikki

در زمان‌های خیلی دور، ایران سرزمینی بسیار پهناور و زیبا بود. دشت‌های سبز، دریاهای پرآب و هوای دل‌انگیز، این کشور را شبیه به بهشت کرده بود. مردم ایران، دلیر و شجاع بودند و کشورشان را خیلی دوست داشتند.

آن‌ها با ساختن قلعه‌ها و دژهای محکم، از سرزمین خود نگهبانی می‌کردند.
یکی از این قلعه‌های بزرگ و محکم که برای حفاظت ایران زمین ساخته شده بود دژ سپید یا سپیددژ نام داشت.

در همسایگی ایران، کشوری بزرگ و نیرومند به نام توران وجود داشت. سرزمینی پر از کوه و دشت بود که با رودخانه‌ای پرآب به نام جیهون از ایران جدا می‌شد.

A long, long time ago, Iran was a vast and beautiful land. Its green plains, flowing seas, and pleasant weather made it feel like a paradise on Earth. The people of Iran were brave and strong, and they loved their country deeply.

To protect their homeland, they built strong castles and mighty fortresses.

One of the large and strong fortresses built to protect the land of Iran was called "Sepid-Dej" or "the White Fortress."

Next to Iran, there was a powerful and large country called Turan. It was filled with mountains and wide plains, and a great river named Oxus flowed between the two lands.

ایران و توران گاهی با هم می جنگیدند. بعضی وقت ها ایرانی ها پیروز می شدند و بعضی وقت ها تورانی ها.

در زمان پادشاهی کیکاووس، یکی از پادشاهان ایران، سپاه بزرگی از توران به ایران نزدیک شد. فرمانده ی این سپاه، جوانی قوی و شجاع به نام سهراب بود.

او قهرمان نامدار سرزمین توران بود.

Sometimes, Iran and Turan would go to war. At times, the Iranians would win, and at other times, the people of Turan were victorious.

During the reign of King Kaykavus, one of the great kings of Iran, a large army from Turan marched toward Iran. The commander of this army was a young, strong, and brave warrior named Sohrab. He was a famous hero of the land of Turan.

Sohrab Home:
Sohrab and his mother, Tahmineh, lived in the land of Turan.

سهراب پسر رستم، پهلوانی ایرانی، با مادرش تهمینه، دختر پادشاه توران، زندگی می‌کرد و در حقیقت برای دیدار پدری که هرگز او را ندیده بود به سمت سرزمین ایران آمده بود.

هنگامیکه سپاه سهراب از دور هویدا شد نگهبانان قلعه‌ی سپیددژ و فرمانده آنان گژدهم حتی نمی‌توانستند حدس بزنند که هدف سهراب و سپاهیانش جنگ و خونریزی نیست، با اعلام حرکت سپاه توران بسمت مرز ایران، نگهبانان سپیددژ درهای قلعه را بستند و با ارتشی آماده‌ی جنگ شدند و به تورانیان حمله کردند، سهراب برای دفاع از جان خود و سربازانش ناچار به مبارزه و نبرد تن به تن شد.

Sohrab, the son of Rostam, a great Iranian hero, lived with his mother Tahmineh, the daughter of a king in Turan.

In truth, he was heading toward Iran to find and meet the father he had never seen.

When Sohrab's army appeared in the distance, the guards of Sepid-Dej (White-Fort), led by the commander Gojdaham, could not imagine that Sohrab and his soldiers had no intention of war.

But when the movement of the Turanian army toward the Iranian border was announced, the guards closed the gates of the castle and prepared for battle. They attacked the Turanians. Sohrab, to protect himself and his soldiers, had no choice but to fight back in hand-to-hand combat.

چو سهراب نزدیکی دژ رسید   هجیر دلاور سپه را بدید

نشست از بر باد پای چو گرد   ز دژ رفت پویان به دشت نبرد

در میان همه‌ی جنگاوران، جوانی شجاع و نیرومند به نام هَجیر بود که همه او را قوی‌ترین پهلوان دژ می‌دانستند.

هجیر دلیرانه به میدان رفت. غرش شمشیرها در آسمان پیچید، زمین از ضربه‌ی سم اسب‌ها می‌لرزید، اما سهراب از هجیر نیرومندتر بود. او با مهارت و استفاده از فنون جنگی، هجیر را شکست داد و او را اسیر کرد.

با اسارت هجیر، دل مردم قلعه لرزید. سربازان نگران شدند، مردم دژ با چشمانی پر از ترس در گوشه و کنار گرد هم آمدند، همه در فکر چاره‌ای بودند، اما می‌دانستند کسی جرأت رویارویی با سهراب، قهرمان توانمند، را ندارد.

Among all the warriors, there was a brave and powerful young man named Hajir, known as the strongest hero of the castle.

Hajir rode into the battlefield with courage. The clash of swords echoed in the sky, and the ground shook beneath the pounding hooves of horses.

But Sohrab was stronger than Hajir. With skill and clever battle techniques, he defeated Hajir and took him prisoner.

The people of the castle White-Fort (Sepid-Dej) were shaken by Hajir's capture. The soldiers grew worried, and the townspeople gathered in corners of the fortress with fear. Everyone was searching for a solution, but they all knew no one dared to face Sohrab, the mighty hero.

در آن زمان، دختری جوان و شجاع به نام گردآفرید، که دخترِ رییس سپید دژ بود، در میان سربازان بزرگ شده بود و به تمام تکنیک‌های رزم تن به تن آشنا بود تصمیم به دفاع از مرز ایران افتاد.

او از کودکی شمشیر در دست گرفته، سوار بر اسب در دشت‌ها تاخته بود، و فنون نبرد را به خوبی آموخته بود.

گرد آفرید به اتاقش رفت. خود را در آینه نگاه کرد، زره سنگینِ فلزی را از دیوار برداشت. کلاه‌خودِ بزرگ را روی سرش گذاشت، طوری که موهای بلندش دیده نشود. شمشیر براق را برداشت و آن را به کمر بست.

چکمه‌های بلندِ جنگی را پوشید و به مانند مردی از اتاق خارج شد. کسی نمی‌توانست او را در این لباس تشخیص دهد.

بپوشید درع سواران جنگ	نبود اندر آن کارجای درنگ
نهان کرد گیسو به زیر زره	بزد بر سر ترگ رومی گره

At that time, there was a brave young girl named Gordafarid, the daughter of the commander of the Sepid-Dej (White-Fort).

She had grown up among soldiers and had mastered the art of combat. Determined to defend the borders of Iran, she decided to face the enemy.

Since childhood, she had held a sword in her hand, galloped across the plains on horseback, and learned the skills of battle with strength and grace.

Gordafarid went to her room and looked at herself in the mirror.

She took down the heavy metal armor from the wall, placed the large helmet over her head so that her long hair would remain hidden, fastened her shining sword to her belt, and pulled on her tall battle boots.

Dressed like a warrior, she stepped out of the room. No one could recognize her now.

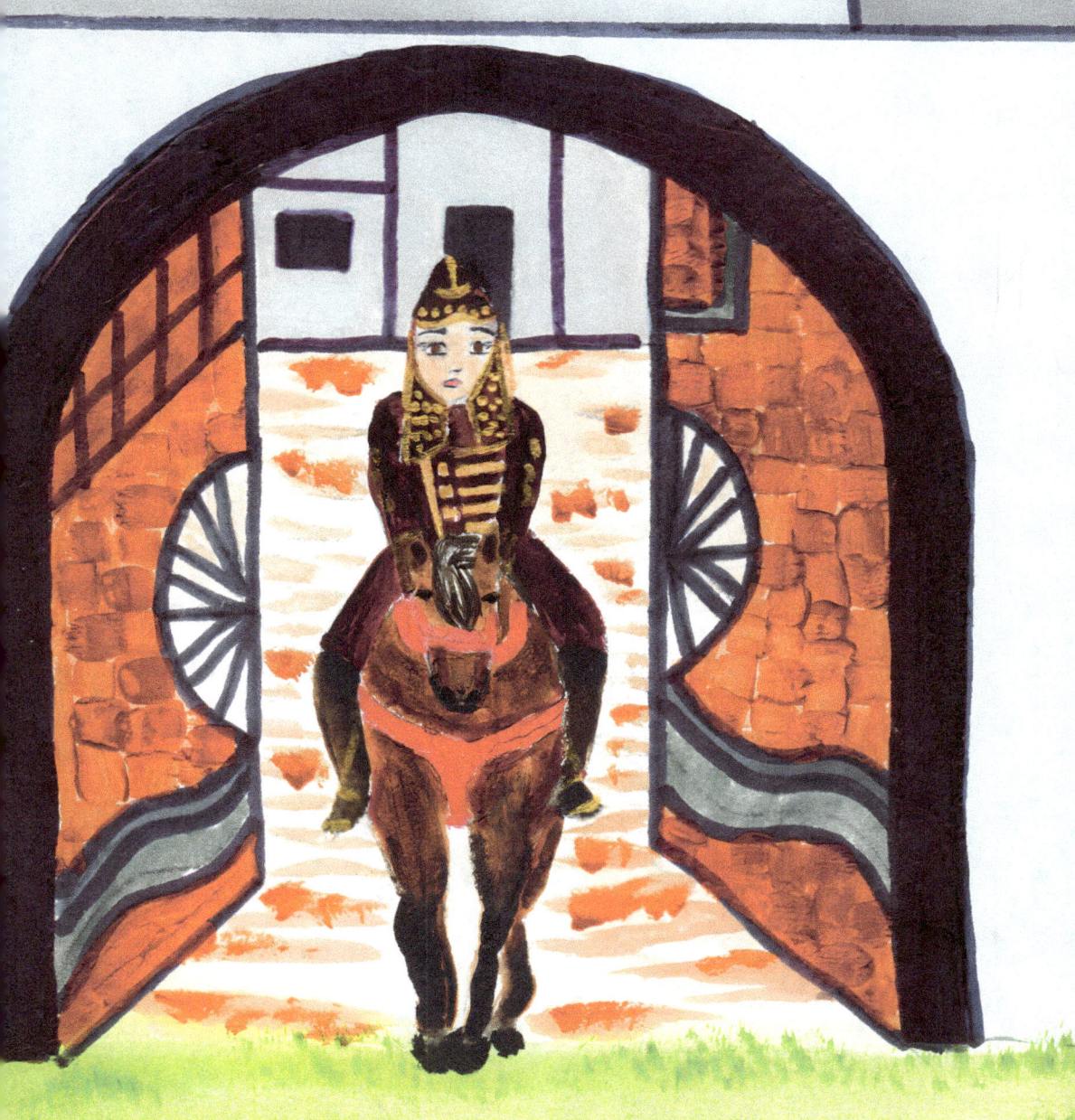

نشست از بر باد پای چو گرد   ز دژ رفت پویان به دشت نبرد

گردآفرید سوار بر اسب به میدان نبرد نزدیک شد. سربازها از پشت دیوارهای بلند دژ سرک می‌کشیدند و او مانند یک جنگجوی واقعی، محکم به دل میدان تاخت.

سهراب، در آن سوی میدان قدبلند و قوی با شمشیری سنگین در دست با صدای سم اسب، برگشت. گردآفرید شمشیرش را آرام از غلاف بیرون کشید: "شینگ!" صدای کشیده شدن شمشیر در هوا پیچید.

سهراب سریع خودش را کنار کشید و شمشیرش را از بالا پایین آورد. گردآفرید خم شد، و صدای "تق!" بلندی پیچید. ضربه به زرهش خورد، اما زره محکم بود و نگذاشت آسیب ببیند.

چو سهراب را دید گرد آفرید — که بر سان آتش همی بردمید
کمان به زه را به بازو فکند — سمندش بر آمد به ابر بلند
سر نیزه را سوی سهراب کرد — عنان و سنان را پر از تاب کرد

Gordafarid rode her horse toward the battlefield. From behind the tall fortress walls, the soldiers peeked out anxiously. But she, like a true warrior, charged boldly into the open field.

On the other side, stood Sohrab, tall, powerful, with a heavy sword in hand. He turned at the sound of galloping hooves.

Gordafarid calmly drew her sword :

"SHIING!" The sound of steel slicing through the air echoed.

Sohrab quickly stepped aside and brought his sword down from above.

Gordafarid bent low, just in time.

"CLANG!"

The sword struck her armor, loud and sharp, but the armor held strong. She remained unharmed.

گردآفرید سوار بر اسب، مانند آهویی تیزپا می‌چرخید. از یک طرف حمله می‌کرد، از طرفی جا خالی می‌داد. گاهی شمشیرش را پایین می‌برد سمت پاهای سهراب، گاهی بالا می‌برد سمت سر و کلاه خودش. او دست از جنگیدن برنمی‌داشت.

با تمام دل و جانش تلاش می‌کرد و اسبش را سریع می‌چرخاند. گاه آرام از زین پایین می‌پرید تا از ضربه‌ای خطرناک فرار کند.

سهراب با قدرت ضربه می‌زد و پس از مبارزه فراوان، در یک لحظه با یک حرکت، کلاه خود گردآفرید را به زمین انداخت، موج گیسوان زیبای گردآفرید بر شانه‌هایش رها شد، گردآفرید دیگر نمی‌توانست فرار کند.

سهراب شمشیرش را پایین آورد و گفت:
«تو کیستی؟ نامت چیست؟ تو بسیار خوب می‌جنگی.»

گردآفرید راهی جز گفتن حقیقت نداشت. نقابش را برداشت و گفت:
«من گردآفریدم، دختر گژدهم، و برای نگهبانی از مرزهای ایران آمده‌ام.»

Gordafarid, riding her horse, moved like a swift deer, turning rapidly. She attacked from one side, then quickly evaded on the other. At times, she would strike low at Sohrab's legs, and at other times, she would aim high at his helmet. She did not stop fighting.

With all her heart, she pushed forward, swiftly turning her horse. Sometimes, she would nimbly leap off the saddle to avoid a dangerous blow.

Sohrab struck and after many exchanges, in one swift move, he knocked off Gordafarid's helmet. Her beautiful hair cascaded freely over her shoulders. Now, Gordafarid could no longer escape.

Sohrab lowered his sword and said:

«Who are you? What is your name? You fight very well.»

Gordafarid had no choice but to tell the truth. She removed her veil and said:

«I am Gordafarid, daughter of Gojdaham, and I have come to guard the borders of Iran.»

شگفت آمدش گفت از ایران سپاه   چنین دختر آید به آوردگاه

سواران جنگی به روز نبرد   همانا به ابر اندر آرند گرد

چو آمد خروشان به تنگ اندرش   بجنبید و برداشت خود از سرش
رها شد ز بند زره موی اوی   درفشان چو خورشید شد روی اوی

سهراب با شگفتی نگاهش کرد. باور نمی‌کرد دختری با این همه زیبایی و دلیری با او جنگیده باشد مبهوت مانده بود و گردآفرید از حیرت سهراب استفاده کرد و به او گفت: ای جوان دلاور! اکنون دو سپاه به ما خیره شده‌اند اگر مرا اسیر کنی تا ابد این ننگ بر تو خواهد ماند که زنی را به اسارت برده‌ای! بهتر است با هم توافق کنیم، به سمت قلعه برویم و در سپیددژ به گفتگو بنشینیم.

Sohrab looked at her in astonishment. He couldn't believe that a beautiful and courageous girl like her had fought against him. Gordafarid took advantage of his surprise and said, «Oh! Brave young man! Now, two armies are watching us. If you capture me, it will forever be a disgrace to you, for you will have taken a woman captive! It is better for us to come to an agreement. Lets go to the castle, and have a discussion in the Sepid-Dej (White-Fort)».

سهراب که دلباخته‌ی این دختر زیبا، جوان و شجاع شده بود پیشنهاد او را پذیرفت و او را تا درب قلعه همراهی کرد. گردآفرید سربلند و پیروز به دژ بازگشت؛ اما فوراً دستور داد درهای قلعه را ببندند سپس بالای کنگره‌های سپیددژ رفت و به سهراب که پشت دروازه‌های سپیددژ انتظار می‌کشید گفت، هرگز گمان مبر که من مرز ایران را به تو تحویل دهم این در هرگز بروی تو باز نخواهد شد. سهراب مأیوس و شکست خورده و شگفت‌زده از هوش و شهامت گردآفرید به توران بازگشت و ایرانیان این پیروزی را جشن گرفتند.
و اینگونه گردآفرید قهرمان سپیددژ شد.......

Sohrab, who had already fallen for this beautiful, young, and brave girl, accepted her proposal. He accompanied her to the castle gates. Gordafarid returned triumphantly to the fortress, but immediately ordered the gates to be closed.

Then, she went up to the ramparts of the Sepid-Dej (White-Fort) and, looking down at Sohrab, who was waiting outside the gates, said, «Never think that I will surrender the borders of Iran to you. This gate will never open for you.»

Sohrab, disappointed, defeated, and astonished by Gordafarid's intelligence and courage, returned to Turan. The Iranians celebrated this victory, and thus, Gordafarid became the Hero of the Sepid-Dej (White-Fort)..

سپاسگزارم که همراه این داستان بودی.

به امید آن که گرد آفریدی در درون تو بیدار شود.

Thank you for journeying through this story.

May the Gord-Afarid within you awaken.

لوتوس یا سوسن شرقی: نماد آناهیتا، ایزدبانوی آب، در کتیبه‌های هخامنشی

نیکی ترشیزی

نیکی ترشیزی نوجوانی ۱۲ ساله (زمانی که این کتاب منتشر شد ۱۲ ساله است، سال ۲۰۲۵) با ریشه‌های ایرانی-کانادایی است که در کانادا چشم به جهان گشوده. نیکی پرانرژی، خلاق و چندبعدی‌ست؛ او نه‌تنها در زمینه‌های هنری و ورزشی فعال است، بلکه علاقه‌ی زیادی به یادگیری و کشف دنیای اطرافش دارد.

او از کودکی به ورزش علاقه‌مند بوده و در رشته‌ی شنا در مسیر راه‌یابی به مسابقات استانی تلاش می‌کند. در والیبال نیز موفق شده تا مرحله‌ی استانی پیش برود. نیکی در کنار تحصیل، نوازندگی پیانو را نیز دنبال می‌کند و همواره به دنبال گسترش مهارت‌های هنری خود است.

عشق به کتاب و داستان‌خوانی بخش جدایی‌ناپذیر زندگی اوست، به‌ویژه داستان‌های تخیلی که تخیل تصویری و حافظه‌ی قوی‌اش را به پرواز درمی‌آورد. نیکی عاشق سفر، تجربه‌ی غذاهای تازه، و وقت‌گذرانی با دوستان و خانواده‌اش است. او یک برادر کوچک‌تر و سگی بازیگوش دارد که فضای خانه را همیشه پرنشاط و سرزنده نگه می‌دارد.

این کتاب، نخستین اثر اوست؛ داستانی بازآفرینی‌شده از افسانه‌ی گردآفرید، زن جنگجوی ایرانی، که نیکی با الهام از شاهنامه‌ی فردوسی، آن را برای نسل جوان بازگو کرده است. هدف او این بوده که کودکانِ کم‌سن‌تر، با یکی از قهرمانان اسطوره‌ای ایران آشنا شوند و در قالب داستانی جذاب و ساده، پیام‌هایی از شجاعت، هویت و افتخار ملی را دریافت کنند.

Nikki Torshizi

Nikki Torshizi is a 12-year-old Iranian-Canadian youth, born and raised in Canada. Energetic, creative, and multi-talented, Nikki is deeply passionate about both the arts and sports, and she's always eager to learn and explore new horizons.

From a young age, she has shown great interest in athletics. She is currently training in competitive swimming and aiming to qualify for the provincial level. She has also advanced to the provincial stage in volleyball. Alongside her academic studies, Nikki is learning to play the piano and enjoys expressing herself through music.

Reading is one of her greatest joys, especially fantasy stories that spark her vivid imagination and strong visual memory. She loves to travel, try new foods, and spend quality time with her family and friends. At home, she shares her days with her younger brother and their lively dog who keeps the household full of fun and excitement.

This book marks her first published work, an imaginative retelling of the legendary tale of Gordafarid, the brave female warrior of Persian mythology. Inspired by Ferdowsi's Shahnameh, Nikki's goal was to bring this heroic tale to life in a fun and accessible way for younger readers, helping them connect with the rich cultural heritage of Iran while enjoying an empowering and entertaining story.

پری‌ناز ژندی

پری‌ناز ژندی، آموزگاری خلاق و پرتلاش در سپهر فرهنگ و زبان پارسی است؛ فرزانه‌ای اندیشمند که سال‌هاست در دوردست‌های مهاجرت، چراغ زبان مادری را با جان و دل روشن نگاه داشته و با گام‌هایی استوار، راه اعتلای فرهنگ ایران‌زمین را در دیار بیگانه هموار کرده است.

او بنیان‌گزار سرای فرهنگی- ادبی «به‌سوی‌آینده» در ونکوور کاناداست؛ شیوه‌ی آموزشی او، آمیزه‌ای است از دانش ادبی و نگاه هنری با رویکردی ریشه‌دار در فرهنگ اصیل ایرانی پری‌ناز ژندی، شاعر، نویسنده و کنشگری اجتماعی نیز هست؛ انساتی متعهد که در مجامع بین‌المللی در جهت پاسداشت زبان پارسی و حمایت از زنان ایرانی نقش‌آفرینی کرده است. در مقام کارشناس زبان و ادبیات فارسی، رسالت خود را گسترش مرزهای زبان مادری در پهنه‌ی جهانی می‌داند.

از دیگر افتخارات پری‌ناز ژندی، تألیف نخستین کتاب دوزبانه‌ی آموزش الفبای فارسی برای کودکان با بهره‌گیری از زبان انگلیسی‌ست. این اثر پرفروش، به همت انتشارات «کیدزوکادو» و با همراهی ستاره ستایش منتشر شده و در آمازون با استقبال گسترده روبه‌رو شده است. او نه تنها آموزگار زبان، که پیام‌آور عشق به فرهنگ، شعر، و هویت ایرانی‌ست. روشنایی‌بخشی که واژه‌ها را چراغ راه کرده است تا فرزندان دیروز و امروز، از هر کجای جهان، ردّی از ایران را در دل خویش به یادگار داشته باشند..

PARINAZ ZHANDY:

Parinaz Zhandy is a creative and dedicated educator in Persian language and culture, an insightful and wise figure who, for many years, has kept the flame of the mother tongue alight with heart and soul, paving the path of cultural elevation for Iran in foreign lands.

She is the founder of the cultural-literary center "Be Sooye Ayandeh" in Vancouver, Canada. Her teaching method is a unique blend of literary knowledge and artistic vision, deeply rooted in the authentic Iranian cultural heritage.

Parinaz Zhandy is also a poet, writer, and social activist, a committed human being who has advocated for the preservation of the Persian language and the rights of Iranian women in international forums. As a Persian language and literature expert, she sees her mission as expanding the frontiers of her native language across the globe.

Among her proudest achievements is the authorship of the first bilingual Persian alphabet book for children using English as a supportive medium. This bestselling work, published by Kidsocado Publishing House in collaboration with Setareh Setayesh, has been warmly received on Amazon.

She is not just a language teacher, but a messenger of love for culture, poetry, and Iranian identity—a beacon of light who has turned words into guiding lanterns, so that children of yesterday and today, from any corner of the world, may carry a trace of Iran in their hearts.

کاترین بطعیوضی

هنر، زبان بی‌واسطه‌ی روح انسان است؛ و کودک، هنرمندی است که جهان را با خطوط و رنگ‌ها بازمی‌آفریند. در میان هیاهوی آموزش‌های سنتی، جایی برای پرورش نگاه، احساس و خلاقیت کودک باقی نمی‌ماند، مگر آن‌که آموزگاری باشد که هم به زبان تصویر آشنا باشد، هم به روان ظریف کودک.
کاترین بطعیوضی، فارغ‌التحصیل رشته‌ی معماری است .او پژوهشگری پرتلاش در حوزه‌ی روان‌شناسی نقاشی کودک، هنردرمانی و کاربرد اصول روان‌شناسی ژرف‌نگر یونگ در آموزش است.
مدیر بخش فرهنگی آموزشگاه «به‌سوی آینده» است وی فراتر از یک معلم نقاشی، معمار رویاهای کودکان است. نگاه او به آموزش هنر، نگاهی یک‌سویه و صرفاً تکنیکی نیست؛ بلکه رویکردی است‌چندلایه، انسانی و روان‌محور که در آن هر خط و رنگ، حامل معنایی ژرف از دنیای درونی کودک است.

تصویرپردازی این کتاب، تماماً توسط هنرمند نوجوان و خلاق، نیکی نازنین، و با هدایت و راهبری دقیق کاترین عزیز، مدیر بخش هنری آموزشگاه «به‌سوی آینده»، به انجام رسیده است.
باشدکه این اثر، پلی باشد میان دنیای ما و دنیای شگفت‌انگیز کودکان؛ پلی از رنگ، معنا و رؤیا.

Catherine Beteivazi

Art is the language of the human soul, and the child is an artist who recreates the world through lines and colors. Amidst the clamor of traditional education, there is little space left for nurturing a child's vision, emotion, and creativity—unless there is a teacher who is familiar both with the language of children's drawings and with their emotional states.

Catherine, a graduate in architecture, is a dedicated researcher in the fields of children's art psychology, art therapy, and the use of Jungian depth psychology in education. Her approach to art education is not narrow or merely technical, but rather a layered, human-centered, and psychologically grounded one—where every line and color carries a deep meaning from the inner world of the child.

The illustrations in this book were entirely created by the young and talented artist Nikki, under the careful guidance of the beloved Catherine, head of the art department at «Be Sooye Ayandeh» Academy.

May this work serve as a bridge between our world and the wondrous world of children, a bridge made of color, meaning, and dreams.

مریم صمیمی

خوشنویسی، هنری‌ست چشم‌نواز که واژگان پارسی را به هم پیوند می‌زند؛ و آغازی‌ست زیبا برای کودکانی که در این‌سوی جهان، میان دو زبان، دو فرهنگ، دو خانه‌ی واژه‌ها، در جست‌وجوی ریشه و زیبایی‌اند.
و در این میان، چه خوش‌اقبال است کودکی که در مسیر یادگیری، با آموزگاری الهام‌بخش هم‌قدم می‌شود؛ آنان‌که نه‌فقط خطوط زیبا می‌آموزند، بلکه غرور و انگیزه را در جان کودک دوزبانه‌ای می‌دمند.
واز آن‌پس،هر حرف پُلی می‌شود میان‌زبان‌مادری وجهانی که‌در آن‌قدمی کشد.نقش‌پررنگ‌این‌همراهی‌عاشقانه، در واژه‌واژه‌ی نیکیِ عزیزم جاری‌ست؛ یادگار ردّ لطیف دستان هنرمند و دل‌سوز، آموزگاری صبور: مریم صمیمیِ ارجمند، که خوشنویسی را نه‌تنها آموخت، که به زبانی برای دل‌ها بدل ساخت.

Maryam Samimi

Calligraphy is a beautiful art that connects Persian words and offers a graceful beginning for children growing up between two languages and cultures.

How fortunate is the child who learns from an inspiring teacher—one who teaches not just beautiful writing, but pride and belonging. Thanks to the patient and caring guidance of Maryam Samimi, calligraphy became more than an art; it became a language of the heart.

www.ingramcontent.com/pod-product-compliance
Lightning Source LLC
Chambersburg PA
CBHW081409070526
44583CB00020B/2739
* 9 7 8 1 7 7 8 9 2 2 3 7 4 *